Klara W...

Mei... ...
Wien – 1. Teil

My Life in Vienna – Part 1

A Short Story for German Learners

Vocabulary Section Included

Level 4: Intermediate – B2

German Reader

Text © 2022 Klara Wimmer

Photo & cover design © 2022 Danilo Wimmer

ISBN: 9798410610681
Independently published

All rights reserved.

The book, including its parts, is protected by copyright. Any exploitation is prohibited without the author's consent. This applies in particular to the electronic or other reproduction, translation, distribution and public access.

www.german-reader.com

INHALT - CONTENT

Introduction

Mein Leben in Wien

Vocabulary

INTRODUCTION

The books from the series *German Reader* are designed as reading materials that will help students of German language grow their vocabulary and enhance their command of the language. Each book is a short story whose theme, grammar and vocabulary are tailored to a specific study level:

Level 1 - Beginners: A1
Level 2 - Elementary: A2
Level 3 - Pre-Intermediate: B1
Level 4 - Intermediate: B2
Level 5 - Upper Intermediate: C1
Level 6 - Advanced: C2

„Mein Leben in Wien" – Level 4: Intermediate – B2

At the end of the book there is a vocabulary section with German-English translations.

Wie kann ich mich vorstellen?

Am besten erzähle ich ein paar Fakten über mich.

Ich heiße Marco und lebe in Wien. Meine Mutter ist Italienerin und mein Vater Österreicher. Meine Eltern haben sich scheiden lassen, als ich siebzehn war und ich habe mein Leben bis zum Studiumabschluss in Rom verbracht. Meine Schulferien und Semesterferien habe ich immer bei der Oma, der Mama meines Vaters, verbracht. Das war mein zweites Zuhause.

Wien war immer ein Paradies für mich, wahrscheinlich, weil ich meine Ferien, Freiheit und Leichtigkeit des Sommers immer mit Wien in Verbindung gebracht habe. Jeden Sommer habe ich es meistens an der Donau genossen. Die Donauinsel, die Copa Cagrana und das Gänsehäufel hat mir Oskar, ein Junge aus Omas Nachbarschaft, in der

Favoritenstraße, gezeigt. Meine Oma hat Gemüse und Obst im Laden von Oskars Eltern gekauft und sie gefragt, ob ihr Sohn mir Wien zeigen könnte.

Oskar war auch aus Rom, er ist zwar als Zweijähriger nach Wien gekommen, konnte aber noch immer sehr gut Italienisch. Als wir festgestellt haben, dass Oskar und seine Familie Verwandte in Cinecittá, sogar in Via Claudio Asello, wo ich wohnte, haben, hat er mich seinen Freunden als einen Verwandten aus Rom vorgestellt. Er hat mich in die Minoritenkirche im ersten Bezirk gebracht, in der sich die italienische Gemeinde versammelte, in ein paar Kaffeehäuser, wo er sich mit seinen Freunden normalerweise trifft, aber meistens haben wir die Zeit an der Donau verbracht. Nachmittags haben wir Tischtennis gespielt oder gebadet, am Abend kubanische und jamaikanische Musik gehört. Und natürlich mit Mädchen geflirtet. Oskar hat mir damals gesagt, er möchte gern heiraten, einen Haufen Kinder haben und den Laden seiner Eltern weiterführen. Er war an der Handelsakademie, zu einem Studium hat er keinen Ehrgeiz gehabt. Und nach ein paar Jahren war er tatsächlich schon verheiratet, hat den Laden geführt, einen Bauch bekommen und wie ein richtiger Verkäufer viel geredet.

Wie erlebe ich Wien?

In Wien duftet es anders als in Rom. In Wien weht immer eine milde Brise und deswegen stinkt es in der Stadt nicht: Donau hat den Duft der Wassermelonen, die Parkwiesen den der frisch gewaschenen Wäsche. Auch die Geräusche in Wien sind mild – es gibt kein lautes Gedränge auf den Straßen, keine Hektik, alles ist leise gestellt, sogar Kinder schreien nicht wild herum. Eine schöne Ruhe herrscht unter allem und über alles. Menschen in Wien haben sich das Leben verfeinert, stilisiert und geordnet: Zur Mittagszeit sagen sie *Mahlzeit*, am Freitag *Schönes Wochenende* und zu engen Freunden *Servus*. Eine solche Ordnung erzeugt Leichtigkeit und Selbstverständlichkeit und den Einklang unter verschiedenen Individualitäten.

In Rom ist es anders – Rom ist die Stadt der Individualitäten und Individuen. Ein Mensch, eine

Welt. Jedermann braucht eine Bestätigung seines Daseins, seines Lebens, seiner Erscheinung in der Welt. Man muss zeigen, dass man etwas Besonderes ist: Sein Leben ist etwas Besonders, seine Familie ist etwas Besonders, sein Beruf ist etwas Besonders, das Ersparte ist etwas Besonderes, seine Pläne, der gesellschaftliche Status, die Freunde, alles ist etwas Besonderes. Und man ist stolz darauf, etwas Besonderes zu sein, das ist eine Ehrensache.

Individualität ist eigentlich eine nationale Eigenschaft in Italien – das ganze Italien ist eine Ansammlung von individuellen Städten und Städtchen, Ortschaften, die sich den eigenen Weg bahnen. In Italien existiert das *sich den eigenen Weg bahnen* als eine historische Kategorie – Italien ist eine Geschichte der Kämpfe der Städte gegeneinander, Kämpfe um die eigene Individualität. *Sich den eigenen Weg bahnen* ist im Verkehr wörtlich sichtbar: Jeder Fahrer hat eigene Vorstellung über die Verkehrsvorschriften und danach bahnt er sich den eigenen Weg, unabhängig von den anderen Autofahrern. Solches Chaos auf der Straße jagt einem Fremden Angst ein – eine tägliche Aufführung und eine einfallsreiche und lebhafte Anstrengung ist etwas, was den Blutdruck unter der starken Sonne noch mehr erhöht und keine Pause dem Alltag erlaubt.

Meine Freunde haben sich immer gewundert, dass ich jeden Sommer in Wien verbringen wollte. Sie haben mich für einen Sonderling gehalten, in ihren Augen fließt durch meine Adern kein italienisches Blut, meine gelegentlich dunklen Stimmungen waren für sie unverständlich und rätselhaft. Ale ich einmal zu einem Freund gesagt habe, dass Wien eine fast ideale Stadt für mich ist, hat er mir gesagt, dass Wien auch für Sigmund Freund eine ideale Stadt war, weil sie ihm den perfekten Stoff für sein Werk geboten hat. Ich habe darauf gesagt, dass darin die Möglichkeit für einen großen wissenschaftlichen Beitrag liegt. Er konnte mich nicht verstehen. Und ich konnte ihn auch nicht verstehen – ich konnte ihm nicht erklären, dass es auch schön sein kann, wenn man nur im Park sitzt und Vorbeikommende unbeteiligt und gedankenlos beobachtet.

Jetzt lebe ich in Wien. Seit neun Jahren. Ich bin zweiunddreißig. Seit sieben Jahren bin ich berufstätig. Bin ich glücklich?... Hm.

Meine aktuelle Frage ist: Was will ich eigentlich?

Was will ich?

Ich will eine Wohnung. Eine mittelgroße Wohnung. Wie mittelgroß? Sagen wir – so groß, dass ich im Wohnzimmer Tischtennis spielen kann. – Man könnte sagen, eine solche Wohnung wäre eine ziemlich große Wohnung, sicher keine durchschnittlich groß. Aber ich sage nicht, dass der Rest der Wohnung dem Tischtennistisch angepasst sein muss. Nein. Der Rest der Wohnung kann ruhig zwei Quadratmeter betragen. Die Wohnung, in der ich und Marina jetzt wohnen, hat insgesamt fünfunddreißig Quadratmeter. Die Wohnung ist im dritten Bezirk, in der Wassergasse, in einem alten Gebäude und bevor wir eingezogen sind, war sie eine *Basena*-Wohnung. *Basena*-Wohnung bedeutet: das Klo ist draußen am Gang und es gibt kein Bad in der Wohnung. Wir haben eine Duschkabine und ein Klo in die Wohnung einbauen und das ganze

Möbel nach Maß anfertigen lassen.

In einer solchen Wohnung kann man natürlich kein Tischtennis spielen. Manchmal spiele ich am Abend Tischtennis im sogenannten Aufenthaltsraum – das ist eigentlich ein Kellergeschoss, das mit verschimmelten Schachteln, Baustoffresten und anderem Zeug von Bozek, dem Hausbesitzer, fast vollgefüllt ist. Dort spiele ich Tischtennis gegen eine Wand. Marina will kein Tischtennis spielen, sie hat Angst hinunter zu kommen.

Wieso mag ich Tischtennis spielen?

Tischtennis ist für mich keine Nebensache, kein Hobby. Tischtennis ist für mich eine Notwendigkeit: Beim Spielen spielt jeder meinen Muskeln, jede meiner Gehirnzellen und jeder Atem mit. Ich brauche nicht nachzudenken, wie ich spielen soll – das, was ich im Sinn habe, ahnt mein Körper das gleich nach. Ich bin leicht und frei, denn das Spiel ist für mich ein Tanz aus der Seele hinaus. Und deswegen ist Tischtennis eine Notwendigkeit für mich, ein Moment meiner inneren und äußeren

Vereinigung. Die Vereinigung, die ich sonst nicht empfinden kann. Ich arbeite als Jurist in einer Rechtsanwaltkanzlei. Ich schreibe da verschiedene Dinge – und das ist natürlich was ganz anderes.

Manchmal grüble ich nach:

Warum bin ich kein richtiger Tischtennisspieler, wenn ich dafür eine so große Vorliebe habe?

Weil ich nicht gut genug bin, um professionell zu spielen.

Wieso bin ich nicht gut genug?

Weil ich keine Zeit habe, Tischtennis ständig zu betreiben.

Wieso habe ich keine Zeit?

Weil ich als Jurist arbeiten muss, um Geld zu verdienen.

Wieso muss ich Geld verdienen?

Um eine große Wohnung kaufen zu können.

Wieso eine große Wohnung?

Weil ich drinnen einen Tischtennistisch aufstellen könnte.

Wieso?

Um Tischtennis zu spielen.

Wieso?

Weil ich Tischtennis als mein einziges Vergnügen empfinde. Um die Unterbrechung von meinem täglichen Leben zu haben, vom Job ... Ach Blödsinn!

Marina sagt mir, dass ich mir weder Zeit für mein Hobby noch für meinen Beruf nehme. Ich spiele Tischtennis gut, aber nicht bestens. Ich bin ein guter Jurist, aber nicht der beste. Ich soll etwas davon mehr in Anspruch nehmen, egal was.

Was sagt Marina noch dazu?

Marina sagt: „Man hat keine Zeit, man nimmt sich Zeit". – Da hat sie eigentlich recht, aber ich will das nicht zugeben. – Sie erklärt mir: „Man belügt sich selbst, wenn man behauptet, keine Zeit zu haben. Man denkt sich tausende Gründe aus, nur um zu zeigen, keine Zeit zu haben. Man hat das Gefühl, Zeit zu besiegen, klüger als Zeit zu sein. Und mit dem Spruch *Zeit ist Geld* hat man den Gipfel der Dummheit erreicht: Wie kann man denn Zeit mit Geld umtauschen? Würde man im Sterbebett sagen: „Ich habe noch einen Tausender und ich will ihn für die Zeit umtauschen"?

Manchmal mag ich nicht, wenn Marina so gescheit ist.

Sie sagt auch:

„Die Zeit ist da, um diese Zeit uns selbst zu geben und sie mit den anderen zu teilen. Dafür brauchen wir Geduld und Takt. Geduld mit uns selbst, Takt mit den anderen."

Habe ich Takt?

Ja, ich habe Takt.

Aber nicht immer. Nur wenn es nötig ist, habe ich Geduld und Zeit, taktvoll zu sein. Aber nur in Bezug auf bestimme Menschen. Dann habe ich die Geduld, mit einem Ohr ihrer Blödheit zuzuhören oder im Gespräch richtige Worte zu finden. Nicht immer, aber ich kontrolliere mich, nicht gleich zu explodieren.

Wie zum Beispiel, wenn ich mit meinem Vermieter Bozek spreche. Oder wenn ich an einem gemeinsamen Fall mit meinem Kollegen Schmied arbeite. Mit dem Besserwisser.

Das klingt vielleicht nicht besonders schön, dass ich Geduld mit nur gewissen Leuten habe, und sonst nicht. Naja, ich übertreibe. Ich bin sicher kein impulsiver Typ, der nur herumschreit und sich mit jedem streitet. Nein, sicher nicht. Aber ich komme mit anstrengenden Leuten zurecht, nur wenn ich mich um sie gezwungenermaßen bemühe. Das

Leben ist hart und jeder muss sich auf irgendeine Weise wehren. Aber ich versichere Ihnen, ich bin nicht darüber froh, mich so zu verhalten. Das mache ich nur, um meine Nerven unter Kontrolle zu halten. Jeder erfindet für sich seine Art zu überleben. Und gerade das ist unsere Aufgabe in diesem Leben – eine Art zum Überleben zu finden.

Ich weiß überhaupt nicht, wie ich als Kind glücklich leben konnte. Ich war ehrlich und taktlos. Und ich habe meine Nerven nie verloren. Im Gegenteil. Ich war zufrieden mit mir und mit der Welt um mich. Und ich habe eine große Klappe gehabt, aber es hat niemanden gestört. Jeder hat mich geliebt. Jeder war lieb zu mir. In Wien habe ich den ersten Job gekriegt (und habe ich ihn noch immer), aber meine Stimmung hat sich dann verändert – mein Blick auf die Realität ist anders geworden. Wahrscheinlich hat zu diesem Zeitpunkt jenes Leben begonnen, das schon viele angekündigt hatten:

"Du wirst noch sehen, was das Leben ist."

Was ist inzwischen passiert?

Was ist inzwischen passiert?

Ich weiß es nicht. Plötzlich bin ich zweiunddreißig geworden, obwohl ich die Zeit regelmäßig verfolgt habe: meine Geburtstage, Marinas Geburtstage, unsere Hochzeitstage, Weihnachten, Urlaube bei meiner Mutter in Rom und bei Marinas Familie in Istrien – alles ordentlich im Kalender notiert. Aber ich habe nicht bemerkt, dass die Zeit vergangen ist.

Vielleicht vergeht die Zeit überhaupt nicht, sondern steht still und wir gehen vorwärts, von einem zum anderen Ereignis und halten an diesen *wichtigen* Anlässen fest wie ein Säufer an seiner Flasche. Wir sagen stolz, wir sind zweiunddreißig. Wir sind fünfunddreißig. Wir sind vierzig. Wir sind fünfzig. Aber wir haben keine Ahnung, was mit uns tatsächlich passiert ist, wann und warum *das Alter*, was auch immer das sein mag, stattgefunden hat.

Wir rennen nur vorwärts und wir wissen nicht, wo wir jetzt sind, ob wir uns verlaufen haben und wohin wir eigentlich wollten.

Bin ich mit zweiunddreißig Jahren alt? Oder jung? Ist man alt, wenn man zweiunddreißig Mal seinen Geburtstag gefeiert hat? Habe ich etwas inzwischen kapiert?

Ich habe kapiert, dass ich in meinem Job eigentlich nicht so glücklich bin. Das Blöde daran ist, dass ich mich mein ganzes Leben vorbereitet habe, Jurist zu werden. Nach dem Jura Studium in Rom habe ich ein Nostrifikationsstudium in Wien absolviert. Ich weiß jetzt nicht, ob ich das tatsächlich gewollt habe, oder nur geglaubt habe, es gewollt zu haben. Ich war nach Wien umgesiedelt, weil ich in Rom keinen Job bekommen konnte. Und gleich nach der Nostrifikation habe einen Job in einer Kanzlei im ersten Bezirk bekommen. Ja, eine kleine Kanzlei ist das Richtige für mich, habe ich gedacht. Man kennt die Mitarbeiter, man kann durch die gemeinsame Arbeit viel lernen, man genießt die freundliche Atmosphäre.

Ich musste in der ersten Zeit einige große Hürden überwinden: deutsche Sprache, neue Umgebung, neue Menschen, neue Gewohnheiten. Schwierige Prüfungen. Und ich habe sehr gelitten.

... Bin ich zu empfindlich? Ungeduldig?

Oder habe ich keine Ausdauer?

Was bedeutet: Ausdauer haben?

Ausdauer haben bedeutet Unannehmlichkeiten zu vermeiden versuchen, die man nicht vermeiden kann, die aber zu jeder begehrten Sache gehören. Und da man sie nicht vermeiden kann, muss man sich mit den Unannehmlichkeiten auseinandersetzen.

Ich habe Ausdauer. Und das kann ich nachweisen: Ich habe Deutsch gelernt. Ich musste Deutsch lernen, weil mein Deutsch fehlerhaft war: Mein Vater war in italienische Sprache verliebt und so gut wie nie haben wir Deutsch gesprochen. Und jeder, der Deutsch lernen will, muss Ausdauer haben. Deutsch ist keine Sprache, Deutsch ist ein Komplott gegen den Rest der Welt, gegen alle Fremdsprachigen. Die heutigen Deutsprachigen haben Deutsch nicht erfunden, aber ich bin mir fast sicher, dass alle meine Kursleiterinnen zu einer alten geheimen Organisation gehören, deren Ziel ist, die Nerven der Fremdsprachigen beim Deutschlernen auf die Probe zu stellen, um zu prüfen, ob sie würdig sind, diesen Sprachschatz zu erwerben: "Lieber Kursteilnehmer, jetzt testen wir bei Ihnen eine neue logische Akrobatik: Konjunktiv I. Man schreibt nicht das, was man sagt, aber trotzdem meint man dabei dasselbe ... Marco, wieso lachst du so hysterisch? ..." Aber ich habe Deutsch gelernt. Ich habe Ausdauer.

Noch dazu habe ich die Wohnungssuche hinter mir gebracht. Zuerst war ich nämlich der Meinung, dass ich eine falsche Sprache gelernt habe, alle haben am Telefon ein merkwürdiges Fachchinesisch gesprochen. Sogenannte Mundart – gesprochene Sprache in Wien. Also, ich habe zuerst Hochdeutsch gelernt, dann Schriftdeutsch und dann stand ich vor der Herausforderung, mich mit gesprochenem Deutsch bekannt zu machen. Und diese Herausforderung hat mich nicht erschreckt: Da ich am Telefon so gut wie nichts verstanden habe, habe ich die Fragen zu einem Angebot so lange wiederholt, bis entweder der Angerufene die Verbindung unterbrochen hat oder ich die Informationen stückweise bekommen habe wie bei einem bezahlten Mord: Pro-has-ka… Mariahilfer Straße 1-2-8, ja 128… erster Stock… heute, ja, heute… achtzehn Uhr… ja, sechs Uhr… verstehe…

Nun, zu jedem Termin ist gleichzeitig auch ein Haufen anderer Wohnungssuchenden gekommen – auf diese Weise war es für den Vermieter keine Zeitverschwendung. Er hat groß wählen können, an wen er die Wohnung vergeben kann. Nach drei Monaten habe ich jedoch die Wohnung in der Wassergasse gefunden.

Ich hätte meinen Vater bei der Wohnungssuche um Hilfe bitten können, da ich zu dieser Zeit in Wien bei ihm gewohnt habe. Aber ich wollte allein meine Geschicklichkeit mit Deutsch auf die Probe stellen. Wieso? Ich bin doch kein Kind.

Also, es geht sicher nicht um *keine Ausdauer haben*.

Wo liegt die Unzufriedenheit?

Das Szenario ist folgendes:

Ich komme in der Früh in die Kanzlei, der Kollege Schmied sitzt am Tisch, blättert in unserer gemeinsamen Akte, ich wiederhole: unserer gemeinsamen Akte!, und fragt mich ohne *Guten Morgen*:

- Kollege Eder, wissen Sie, dass die Beschwerdefrist im Fall Havlicek morgen abgelaufen ist?

- Guten Morgen ebenfalls! – antworte ich darauf.

Er starrt die Papiere an:

- Wie schaffen Sie es die Beschwerde heute zu schreiben? Der Tatbestand ist kompliziert.

Ich lege meine Aktentasche ab:

- Echt?

Schmied schüttelt den Kopf, während ich mir

einen Kaffee hole:

- Wir könnten den Fall verlieren. Wie wollen Sie vorgehen?

Ich schaue ihn an und sage nach einer Weile:

- Ich versuche es mit dem Computer.

Er hebt den Kopf:

- Wissen Sie schon wenigstens, wie Sie die Beschwerde begründen können?

Ich umklammere jetzt die Tasse kräftiger, ich weiß, sie ist nicht Schmieds Hals, aber das hilft mir bei der Beherrschung:

- Jaaaa Herr Kollege, ich habe schon ein Konzept vorbereitet.

Er setzt ruhig fort:

- Wenn die Beschwerde fertig ist, zeigen Sie sie mir.

Ja, feste Tassen sind kluge Erfindungen:

- Aber sicher, Sie sind doch der Kopf der Operation.

Oder:

Einmal hat mich Schmied vor einem unserer Klienten grob unterbrochen:

- Kollege Eder, es ist nicht nötig, die Dame nach ihrem Beweggrund für diese Handlung zu fragen. Wir konzentrieren uns auf die juristische Lösung.

- Kollege Schmied, der Beweggrund ist aber die juristische Lösung.

Und obwohl er mir später recht gegeben hat, hat er mit mir dasselbe noch ein paarmal gemacht.

Oder:

Ich schreibe eine Klage fertig und bevor ich sie ihm abgeben will, frage ich ihn nach dem Gesetz, das eine extra Regelung enthalten könnte.

- Kollege Eder, das brauchen Sie in diesem Fall nicht.

- Das weiß ich, aber ich möchte es doch nachprüfen.

- Darf ich fragen wieso?

- Es interessiert mich halt.

- Geben Sie mir einfach die Klage und ich lese sie später.

- Ich möchte mein Wissen ergänzen.

- Bei dieser Klage gibt es nichts zum Studieren.

- Warum wollen Sie mir nicht helfen?

- Bei dieser Klage brauchen Sie keine Hilfe.

Wieso lasse ich mir das gefallen?

Ich habe versucht ihm auf verschiedenste Weise verständlich zu machen, dass er mich so nicht behandeln darf. Ich habe gestritten, ruhig erklärt, zynisch zurückgeredet, ihn gelobt, ihm geschmeichelt, ihn beschimpft, geschwiegen, ihn ignoriert und ihm Aufmerksamkeit geschenkt. Aber all das hat sein Verhalten mir gegenüber nicht geändert.

Unser Chef, Herr Reiter, folgt unseren Reibungen wie durch Nebel. Zuerst werden für ihn unsere Stimmen immer leiser. Wenn er mit den Augen zwinkert, hört er uns überhaupt nicht mehr, sondern nickt er uns nur höflich zu. Dann dreht er sich um und geht, sagt, dass er zu tun hat.

Ich habe dem Chef einmal gesagt, dass ich an Fällen selbstständig arbeiten will. Er hat gesagt: "Ich habe nichts dagegen, aber vorher legen Sie die Anwaltsprüfung ab. Wie Kollege Schmied."

Wie kann ich die Anwaltsprüfung ablegen, wenn ich die Kraft für alltägliche Überlistung von

Schmied brauche? Wie kann ich mich auf das Lernen konzentrieren, wenn Schmied keine Gelegenheit verpasst, mich unter der Gürtellinie zu schlagen. Zum Beispiel: Wir verlieren den Fall und er rechtfertigt sich vor dem Chef: "Der Kollege hat Jus in Rom studiert." Der Chef erwidert: "Aber auch in Wien, oder?" Aber was hilft mir dieser Beistand beim Lernen für die Anwaltsprüfung? Nichts.

Der letzte Tropfen war, als ich herausgefunden habe, dass Schmied dreimal mehr verdient als ich. Ja, er ist schon lange in der Anwaltschaft, aber wir arbeiten zusammen an Fällen, ich schufte genauso viel wie er, ich bleibe jeden Tag länger in der Kanzlei als er.

Wieso zählen meine Leistungen nicht? Ich verdiene etwas mehr als Ursula, die Sekretärin. Jedes Mal, wenn ich um die Gehalterhöhung frage, muss ich mir vom Chef lange anhören, wie schwierig es ist, eine Kanzlei zu führen.

Soll ich die Kanzlei wechseln?

Man kann mir schon sagen:

Obwohl Sie die Anwaltsprüfung innerhalb von sieben Jahren in der Anwaltschaft nicht abgelegt haben, wollen Sie die Kanzlei wechseln?

Darauf kann ich aber antworten:

Schmied ist an allem schuld.

Wer?

Eine giftige Verpackung mit der abgelegten Anwaltsprüfung.

Verzeihung?...

Ja, ich habe auch versucht, ihn zu verzeihen, aber ich bin nur ein gewöhnlicher Sünder – ich wünsche nicht jedem nur Gutes...

Ursula sagt, dass ich zu höflich für diesen Job bin. Sie sagt, dass Schmied ein Säufer ist und dass es dumm von mir ist, mich von einem solchen unterkriegen zu lassen. Ja, Ursula spricht direkt und

– wie man schön sagt – sie *nimmt kein Blatt vor den Mund.*

Ich habe noch nie Schmied betrunken gesehen, oder gerochen, dass er betrunken war. Aber Ursula ist sich dessen sicher: ja, Schmied trinkt, weil er Probleme mit Frauen hat. Nein, sie hat mit ihm nichts gehabt, aber eine Freundin von ihr – schon, und das war der Trennungsgrund.

Ich glaube Ursula nicht, dass sie nichts mit Schmied gehabt hat. Sie hat auch mit mir etwas versucht, und als ich das abgelehnt hatte, war sie wochenlang böse auf mich und hat alle meine Aufträge sabotiert. Sie ist eine leidenschaftliche und gesprächige Frau, ein bisschen jünger als ich, aber für meinen Geschmack zu leidenschaftlich und sie redet zu viel. Ich rede auch manchmal zu viel, aber ich tratsche über die Leute nicht. Sie hat damals meine langen Konversationen falsch gedeutet, gleich die Initiative übernommen und mich zu einem *Date* eingeladen. Um zu sehen, ob ich ihr sympathisch bin. Aber das war für mich zu ungewöhnlich – ich will mir immer zuerst die Zeit zum Kennenlernen nehmen, um zu sehen, ob jemand sympathisch ist. Und wenn es so ist, erst dann kommt es vielleicht zu einem *Date*.

Aber mit der Zeit haben wir uns, Ursula und ich, angefreundet. Sie benimmt sich mir gegenüber wie eine Mutter: sie gibt mir Ratschläge über Schmied, legt beim Chef immer ein gutes Wort für mich ein und zugleich beklagt sie sich über ihn bei mir, als ob ich sein Vater wäre.

Nur noch einmal war sie böse auf mich.

Als ich Marina kennengelernt habe.

Wie lernt man jemanden kennen?

Es gibt eine Treppe zum Himmel, die man hinaufgeht, wenn man die Richtige kennenlernt. Jede Stufe ist ein Treffen mit der Vorbestimmten. Je mehr Treffen, desto schneller kommt man in den Himmel. Aber nicht in den Himmel der Sterblichen, sondern in den siebten Himmel.

Als ich Marina erstes Mal gesehen habe, wusste ich gleich, ich wollte mit ihr alle Stufen auf einmal hinauf, ich wollte das ganze Leben mit ihr verbringen. Sie hat aber nicht dasselbe empfunden. Sie ist in die Kanzlei gekommen, weil ihr Antrag auf Beschäftigungsbewilligung abgelehnt worden war, sie war illegal angestellt und besorgt. Einige Papiere haben ihr noch gefehlt und sie ist auch am nächsten Tag noch einmal gekommen. Aber ich wollte sie nicht mehr aus den Augen verlieren und deswegen habe ich ihr gesagt, dass es noch ihr Taufschein fehlt. Sie hat mich mit ihren großen schwarzen Augen angeschaut und gelacht: "Mein Taufschein? ... Was hat ein Taufschein mit der Anstellung als Aushilfe im Restaurant zu tun?" – "Eigentlich nichts.", sagte ich, "Ich wollte Sie nur noch einmal sehen."

So bin ich die erste Stufe hinaufgeschritten.

Ich habe noch ein paar unnötige Termine mit ihr ausgemacht und Marina ist jedes Mal in die Kanzlei lächelnd gekommen. Aber Ursula hat mein Manöver durchschaut und mir gesagt, dass ich aufpassen sollte, worauf ich mich einlasse, der Chef mag es nicht, wenn seine Angestellten eine persönliche Beziehung mit Klienten eingehen.

Als ich Marina ins *Segafredo* auf einen Cappuccino eingeladen habe, wollte Ursula einige Tage mit mir nicht reden: Eine andere Frau hat in meinem ledigen Leben ihre Stelle nachbesetzt. Erst als der Chef sie wegen einer verspäteten Post kritisiert hat und als sich bei mir über seine krankhafte Pünktlichkeit beschwert hat, ist alles wieder wie früher geworden.

Was macht man, wen man verliebt ist?

Wenn man im siebten Himmel ist, verliert man seine eigene Identität: Man ist zufrieden mit sich selbst, man hat keine Feinde mehr, man kann alles machen und man redet Blödsinn. Man ist nie wütend, lächelt nur, schwebt in der Luft und denkt: „Vom Himmel sieht die irdische Welt so wunderschön aus. Warum kommen nicht alle Menschen in den Himmel um von oben hinab die Schönheit der Welt unten zu genießen? Was hält einen auf der Erde?"

Marina hat einmal gesagt: "Wenn wir verliebt sind, sind wir wie Götter – wir sind imstande Berge zu versetzen." Das ist wahr: Ich habe mich um ihre Akte wie um keine andere bemüht. Marina hat die Bewilligung bekommen und in *Allegretto* im fünfzehnten Bezirk weitergearbeitet. Und ich habe mich allmächtig wie Gott gefühlt.

Aber Marina war nicht richtig glücklich mit dem Job. Sie hat die Küchenaushilfe für keinen Job mit Zukunftschancen gehalten. Sie hatte Soziologie in Zagreb studiert, konnte aber keinen Job in der Branche finden. Sie hat es vorerst in Pula, in ihrer Geburtsstadt versucht, aber niemand wollte eine Soziologin ohne Erfahrung anstellen. Ihre Tante Mare, die schon achtzehn Jahre in Wien als Kellnerin gearbeitet hatte, hat sie nach Wien eingeladen und für sie eine Stelle in der Küche bei ihrem Freund Franzl in seinem Restaurant organisiert.

Marina war kein Typ für ein Restaurant. Sie mochte keine Volksmusik im Restaurant, Trinkerei und lautes Reden. Sie verbrachte ihre Freizeit mit Belletristik und ging regelmäßig ins Theater. Deutsch konnte sie schon vorher, später hat sie nur noch einen Kurs belegt.

Sie hat in dieser Zeit angefangen, ihre Gedanken in einen Notizblock niederzuschreiben. Ihr Schreiben war nur gelegentliche Betrachtungen und tägliche Kleinigkeiten – so hat sie mir gesagt.

Sie hat mir ihren Notizblock zum Lesen aber nicht gegeben. Was ich nicht verstanden habe.

Und ehrlich gesagt - was mich verletzt hat.

Denn ich muss zugeben:

Ich bin sehr neugierig.

Gibt es eine Sprache der Liebe?

Marina und ich sprechen Deutsch miteinander. Das ist selbstverständlich – Deutsch ist das, was uns sprachlich verbindet. Obwohl Marina Italienisch in der Schule gelernt hat. Aber sie hat mir gesagt, dass sie mit mir Italienisch nur dann reden will, wenn ich Kroatisch lerne.

Und ich habe eine Zeit lang Kroatisch gelernt, bis ich wieder auf das alte Problem gestoßen bin – die gesprochene Sprache. Wenn wir in Pula zu Besuch waren, habe ich mit ihre Mutter Kroatisch gesprochen, obwohl sie auch Italienisch konnte. Aber ich habe sie kaum verstanden. Allmählich sind wir, meine Schwiegermutter und ich, auf Italienisch übergegangen.

Als Marina einmal auf mich böse war, hat sie mir gesagt, dass ich einen ähnlichen Fehler mache wie mein Vater – wenn wir ein Kind hätten, würde ich die Muttersprache des Kindes nicht verstehen. Ich habe ihr gesagt, ich würde dem Kind die *Vatersprache* beibringen und wir würden uns sehr gut verstehen.

Marina hat aber auch in ihrem Notizblock Deutsch geschrieben. Ich habe sie gefragt, wieso nicht in ihrer Muttersprache. Sie hat gesagt, dass sie mich auf die Probe stellen und sehen will, ob ich der Versuchung widerstehen kann, ihre Notizen zu lesen. – Was für eine Idee ist das? – Sie hat mir gesagt, dass jeder einen Fehler machen kann. – Ich habe ihr gesagt, dass ich keine Fehler mache. Sie hat darauf gelacht und gesagt:

Wenn ich mich so blöd aufführe, kann sie nicht anders, als mich zu lieben.

Wozu braucht man Notizen übers Leben?

Obwohl ich reden mag und obwohl meine Mutter mich in der Kindheit wegen meiner Beobachtungen *mio artista* genannt hat, habe ich nie, wie Marina, meine Gedanken niedergeschrieben. Mein Leben war damals ein schneller Film mit bunten, verführerischen und schönen Szenen: "Mama, Tante Antonia hat heute Wolken gekocht. Sie hat den Deckel vom Topf weggetan und eine Wolke ist aus dem Topf entflohen." Auf meine Streiche habe ich immer eine vorbereitete Antwort gehabt: "Ich habe Duilia nicht gestoßen, sie hat geschrien, weil sie plötzlich Zahnschmerzen bekommen hat." Wenn nicht die Antwort, dann wenigstens eine Frage als Antwort: " Ja Mama, ich wasche mein Gesicht. Aber warum wäschst du nicht dein Gesicht von der Schminke, wenn du nach Hause kommst?"

Und was ist mit meinem *Talent* passiert? Was ist von diesem *Talent* übriggeblieben? Nicht viel. Als ich mich einmal bei der Mutter über meinen Job am Telefon beschwert habe, hat sie mich gefragt, wie es passiert konnte, dass mich die Umstände so verändert haben, dass ich so verbittert bin und mich über den Job beschwere, welchen ich so begehrt habe. Sie hat gesagt: „Man soll die Umstände ändern, nicht umgekehrt." – Ich habe sie nicht verstanden: Erwartet sie, dass ich meinen Kollegen Schmied ändere?

Mein Vater hat mir einmal gesagt, dass das Talent eine schöne Sache ist, aber dass man etwas Gescheites im Leben machen soll. Mein Vater ist Firmenbesitzer, Großhändler für Naturprodukte in der Kosmetikbranche. Natürlich hat er mir eine solche Antwort geliefert.

Aber seit ich ihn kenne, hat mein Vater immer eine große Vorliebe für Holz gehabt. Er hat mir mein Spielzeug aus Holz gebastelt, als ich in Ferien bei ihm war, alles in der Wohnung hat er mit Holz repariert, er hat im Burgenland eine Holzhütte gebaut. Etwas Gescheites im Leben können? Ist Holz nichts Gescheites? Wieso hat er kein Holz aus Österreich nach Italien importiert, statt Naturprodukte aus Italien nach Österreich?

Warum muss das Glück so kompliziert sein?

Wer hat das ganze Glück nur für sich selbst?

Bozek, mein Vermieter. Ja, er hat das ganze Glück an sich gerissen. Zugleich ist er auch unser Nachbar. Er ist der glücklichste Mensch auf der Welt, wenn er auf unsere Tür läuten und uns mitteilen kann: ob ich weiß, dass ich gestern vergessen habe, das Haustor zuzusperren; dass wir vorige Woche zu laut ferngeschaut haben, Frau Meier hat sich darüber beschwert; ob ich bemerkt habe, dass wir am Donnerstag die Waschmaschine bis elf in der Nacht haben eingeschaltet lassen, ab Zehn ist Nachtruhe; ob wir unsere Pflanzen im Fenster weniger gießen könnten, es rinnt auf den Balkon hinunter; und warum wir einen Blumentopf vor unserer Wohnungstür haben stehen lassen.

Und gestern hat Bozek mit seinem Hund Rosi wieder geläutet, um bei uns sein Glück zu finden:

- Herr Eder, Sie haben eine Kartonschachtel

neben dem Papiermüllcontainer liegen gelassen. Darf ich fragen, wieso Sie das getan haben? *Ich musste sie hineinwerfen. Ihr Müll hinter Ihnen aufräumen ... Wissen Sie überhaupt wozu ein Container da ist?*

Er hat mich mit einem solchen Blick angeschaut, in dem ich ablesen konnte, dass er der Herr ist, der über das Glück regiert und mein Glücklich-Sein bestimmt. Und ich, der Idiot, statt ihm zu sagen, er sollte deswegen die Polizei anrufen, habe mich ins Gespräch eingelassen:

- Das war nicht meine Schachtel.

Und war sie auch nicht meins.

Darauf haben seine Augen geglänzt:

- Ich habe Sie gesehen, wie Sie die Schachtel zum Müllraum getragen haben. Das war Ihre Schachtel.

- Nein, ich habe meine Schachtel in den Container geschmissen. Sie spionieren also den Leuten nach, welche Müll sie wegschmeißen?

Er hat meinen Angriff überhört und den Zeigefinger gestreckt:

- Bitte, tun Sie das nicht wieder.

Ich habe mich beherrscht, ihn nicht mitten ins Gesicht zu schlagen. Ich brauche seine Wohnung. Ich habe meine Fäuste geballt, die Zähne zusammengebissen und gesagt, dass ich ihm nicht weiterhelfen kann. Ich habe die Wohnungstür zugemacht.

Ich habe mich an die Tür gelehnt und tief eingeatmet. Ich war frustriert. Ich habe tief eingeatmet. Aber als ich ausgeatmet habe und wieder einatmen wollte, ist der Atem in meinem Hals stecken geblieben. Ich habe Schmerz im Hals gespürt. Aber nun konnte ich auch nicht ausatmen, es hat begonnen mir im Kopf zu schwindeln, ich wurde wütend, so was Blödes, falsch, alles ist falsch, verrückt... Raus, raus, raus!... Ich habe den Speichel geschluckt, es hat mir in der Brust gebrannt. Konzentriere dich, konzentriere dich! Und...

... endlich habe ich den Atem geschnappt.

Ja... ja... einatmen... ausatmen... einatmen... so...

Gibt es eine Erklärung für das Böse im Menschen?

Marina hat eine Erklärung für das Böse im Menschen:

Der Mensch will seine Frustrationen durch das Böse loswerden – das Böse ist ein Versuch das innere Gleichgewicht wiederherzustellen. Jeder kommt nämlich zur Welt als ein gutmütiges Wesen, aber nicht alle lernen, mit den Enttäuschungen im Leben auf eine gute Art und Weise zurechtzukommen.

Ich verstehe Marina nicht: Tötet man, um glücklich zu werden, um innere Gleichgewicht wiederherzustellen? Ist damit die Böswilligkeit von jedem zu rechtfertigen, da man Probleme hat und deswegen eben böse sein muss? Soll ich Bozek seine Beleidigungen, seine Schamlosigkeit verzeihen?

Marina sagt, dass jeder bereit ist, seine gute

Seite zu zeigen, wenn man ihm gegenüber positiv ist: "Bozek ist höflich mir gegenüber. Er hält den Aufzug für mich an und öffnet mir die Eingangstür."

Du bist eine Frau, sage ich. – Nein, er ist auch höflich den Männern im Haus gegenüber, sie hat das oft gesehen.

Nein, habe ich gesagt, er benimmt sich komisch: Er hat diesen Hund immer bei sich, er ist unfähig, normal zu reden, hat keine Frau, keine Freunde und spioniert Leuten im Müllraum nach. Macht das ein normaler Mensch?... Oder vielleicht sucht er eigentlich nur eine Ausrede, sich im Müllraum aufzuhalten? Die Essensreste für seinen Hund aufzusammeln? So spart er beim Hundefutter. Um ein weiteres Haus zu kaufen. Immer mehr besitzen. Er schläft auf dem Geld, spart aber beim Hund. Möglicherweise ist er reich, weil er eben bei dem armen Hund spart. Der Hund will von ihm flüchten, aber er führt ihn immer an der Leine. Der arme Hund. Deswegen läuft der Hund neben ihm langsam und kraftlos, wie ein Sklave. Der Hund ist eigentlich jung, aber er ist in der unmenschlichen Gefangenschaft vor seiner Zeit alt geworden. Man sollte den Tierschutz anrufen und erzählen, was er mit dem Tier macht...

Da habe ich mit meinem lauten Nachdenken aufgehört, weil Marina so laut gelacht hat, dass sie mich übertönt hat.

Ist man durchschaubar?

Als ich in der Früh in die Kanzlei gekommen war, hat mir Schmied einen neuen Fall gegeben – einen Fall des Schwarzfahrens in der U-Bahn – und hat mir alles bis ins Detail vorgetragen hat, was ich tun soll. Und die Beschwerde muss innerhalb von zwei Tagen fertig sein, was bedeutet, dass ich mich gleich an die Arbeit zu machen habe und dass ich nicht vergesse, dass das allein mein Fall ist, kein gemeinsamer Fall. – Der Mann hat wirklich einen abstoßenden Auftritt einem gegenüber.

Ich habe mir den Kaffee eingeschenkt, mich gesetzt und in den Fall vertieft:

... Also, die Dame hat die Fahrkarte mit einem Klebeband bedeckt, um das Gedruckte später wegzurubbeln... Nicht besonders intelligent, die Kontrolleure kennen solche Tricks. Sie hat eine Geldstrafe bekommen. Also, sie ist mit einem blauen Auge

davongekommen... Sie hat die Tat gestanden und bereut. Was soll ich jetzt noch dazu schreiben? ... Dass sie es sehr, sehr, sehr bereut ...

Ich habe die Akte beiseitegelegt, denn ich habe eine Zivilklage noch zu schreiben, die schon eine Woche lang darauf gewartet hatte. Ich habe diese Akte auf dem Tisch ausgebreitet und das Schwarzfahren damit bedeckt.

Am Abend, als ich nach Hause wollte, hat mir Schmied gesagt:

- Kollege, vor ein paar Tagen hat mich nach einem Prozess der Anwalt Müller angesprochen. Den kennen Sie, oder?

- Nur vom Hören.

- Er sucht einen jungen Juristen für seine Kanzlei. Die Kanzlei beschäftigt sich mit Vertragsrecht und Handelsrecht, die Anwaltsprüfung ist nicht das Entscheidende. Ich habe ihm gesagt, ich sage es Ihnen weiter.

- Mir?

- Ja.

- Das ist nett von Ihnen...

... Aber warum erzählt er mir das?

- Warum? - habe ich gefragt.

Schmied hat mich ausdruckslos angeschaut, eine Visitenkarte rausgenommen und sie mir hingestreckt:

- Wenn Sie interessiert sind, hier ist die Telefonnummer.

Was hat man eigentlich im Kopf?

Wenn ich das doch wüsste! Menschen sind wie Wände mit unsichtbarer Tinte beschriftet. Und das Geschriebene sollen wir ablesen und den Menschen verstehen. Aber ich kann nicht sehen was mit der unsichtbaren Tinte geschrieben ist, ich kann nur raten, was auf der Wand steht. Und stattdessen, dass die Menschen uns über sich selbst Bescheid sagen, schicken sie uns rätselhafte Nachrichten. Wenn man überzeugt ist, dass man jemanden durchschaut hat, kann man sich leicht täuschen – die Wand kann noch ein paar Zeichen verbergen. Ich könnte jetzt sagen, Schmied ist ein behilflicher Mensch, da er mich über eine freie Stelle informiert. Aber er war bis dahin, seinem Verhalten nach, immer feindselig und unfreundlich mir gegenüber.

Vielleicht studiert man deswegen ein Studium wie Jus. Jus ist eine Lehre über das Abstrakte und das Konkrete. Wie man abstrakte Bestimmungen in einer konkreten Situation anwendet. Wie bei der Einschätzung eines Menschen. Ob ein Mensch entgegenkommend, schadenfroh, eifersüchtig, ängstlich, anständig oder neidisch ist – also um das Abstrakte einzuordnen, soll man seine konkreten Handlungen deuten. Aber das ist nicht einfach, weil sein Verhalten nicht immer dasselbe Motiv hat. Man ist in einem Moment korrekt und zuverlässig, in anderem gemein und überheblich. Im Jus lernt man, diese Gegensätze einzuschätzen und zu bewerten. Die Schlussfolgerung ist nur relativ kompliziert und moralische Fragen dürfen offenbleiben. Im Leben ist es nicht so. Im Leben ist es viel komplizierter – man soll versteckte Absichten des Menschen ablesen können. Die auf seiner Wand mit unsichtbarer Tinte geschrieben sind. Und das lernt man an keiner Universität.

Wie schmeckt ein Versuch?

Ich habe am nächsten Tag den Anwalt Müller dennoch angerufen und einen Termin um vier Uhr am Nachmittag vereinbart. Und ich habe mich auf die üblichen Fragen vorbereitet: Was haben Sie bisher gemacht? Was ist mit der Anwaltsprüfung? Wieso wollten Sie in der Anwaltschaft arbeiten? Wieso die Kanzleiwechseln? Das Gehalt? Und Ähnliches.

Und Müller, ein höflicher kleiner Mann, hat mich auch so gefragt:

- Wie lange und was haben Sie bisher gemacht?

- Ich bin seit sieben Jahren bei dem Anwalt Reiter. Mein Job besteht aus der schriftlichen Prozessvorbereitung und dem Vertreten der Mandanten vor Bezirksgerichten als Bevollmächtigter.

- Als Bevollmächtigter? Sie haben also keine

Anwaltsprüfung?

- Ja. Aber so einen Juristen suchen Sie auch. Nicht?

- Ja, stimmt. Und wann planen Sie die Prüfung abzulegen?

- Ich bereite die Prüfung gerade vor und beabsichtige sie in baldiger Zeit, anzutreten.

- Gut. Ihr Kollege Schmied hat mir gesagt, dass Sie in Italien Jus studiert haben.

Ach, so!

- Ja, ich habe in Rom Jus studiert. Und in Wien. Innerhalb von einem Jahr habe ich alle Nostrifikationsprüfungen abgelegt.

- Sehr gut. Und Ihr Deutsch ist auch sehr gut...

Ich habe ihn angelächelt:

- Ja, ich verstehen, was du sagen.

Müller hat mich scharf angeschaut. Ich wusste, dass meine gemeine Bemerkung blöd war, aber ich konnte mich nicht beherrschen.

- Mein Vater ist Österreicher, meine Mutter Italienerin, ich bin beider Sprachen mächtig.

- Das ist sicher ein Vorteil, wir vertreten

österreichische Handelsfirmen in Italien, haben auch eine Kanzlei in Mailand. Jetzt sagen Sie mir – diese Frage stelle ich nämlich jedem potenziellen Mitarbeiter: Wieso haben Sie sich für die Anwaltschaft entschieden?

Aha! Wieso machen wir das, was wir machen?

- Wissen Sie, Herr Doktor Müller, ich habe mehr Interesse am praktischen Teil vom Recht als an der juristischen Theorie. In der Praxis kann man sowohl das theoretische Wissen als auch praktische Kenntnisse in Verbindung setzt und das stellt für mich eine Herausforderung.

- Sie mögen Herausforderungen?

- Ich betrachte Herausforderungen als eine gesunde Motivation im Job.

- Haben Sie schlechte beruflichen Erfahrungen in dem Sinne?

- Die durchschnittlichen schlechten Erfahrungen. Zum Beispiel Mandanten, die manchmal dem Anwalt die entscheidenden Tatsachen verschweigen, weil sie denken, dass der Anwalt deswegen den Fall verlieren könnte.

- Und man verliert den Fall?
- Ja, manchmal verliert man ihn, manchmal gewinnt man ihn.
- Jetzt sagen Sie mir, warum wollen Sie die Kanzlei wechseln?

Genug jetzt!

- Und warum brauchen Sie einen neuen Mitarbeiter?

Das Männchen hat gelächelt:
- Ich brauche jemanden für zwanzig Stunden pro Woche, ich bin entweder vor dem Gericht oder unterwegs in Italien. Aber wir haben keine Strafsachen, sondern Handelsrecht, Kapital- und Personengesellschaften, Vertragsrecht, Steuerrecht und alles was dazu gehört. Sind Sie damit vertraut?

- Ja, mehr theoretisch als praktisch. Aber das ist, glaube ich, ein guter Start zum Lernen. Und ich bin willig zum Lernen.

- Bei mir wären Sie in diesem Fall Anfänger und ich kann Ihnen das Gehalt eines Anwärters anbieten.

Was?

- Eines Anwärters?

- Ja.

- Wissen Sie, ich verdiene jetzt viel mehr als ein Anwärter. Finanziell gesehen wäre für mich Ihr Job ein Schritt zurück. Für zwanzig Stunden wäre mein Gehalt halbiert.

- Ich kann Ihnen nach sechs Monaten eine entsprechende Erhöhung geben.

- Hm... Ich weiß nicht...

Ich bin aufgestanden.

- Überlegen Sie sich, - hat Müller gesagt. - Aber ich möchte Sie um eine schnelle Antwort bitten. Ich brauche einen Mitarbeiter so schnell wie möglich.

Ich habe fad gelächelt und gesagt:

- Danke, ich überlege es mir...

Hat jeder seinen eigenen Versuch?

Als ich in die Kanzlei zurückgekommen war, war Ursula allein – der Chef und Schmied waren am Gericht. Ich wollte meine Eindrücke in Ruhe ordnen, aber das war unmöglich: Ursula hat mir gleich eine Tasse Kaffee gegeben und begonnen über Ronny, ihren neuen Freund zu reden:

Sie hat ihn vor einer Woche kennen gelernt und sie haben schon das Wochenende am Wörtersee verbracht, natürlich in getrennten Zimmern. Er ist sehr galant, aufmerksam, und sooooo unglücklich, will nur ein wenig Liebe und Achtung, er hat sie wie einen Hund angeschaut, das arme Ding. Er ist verheiratet, hat zwei Kinder und ist jahrelang in einer unmöglichen Ehe, seine Frau ist undenkbar und grundlos eifersüchtig, besessen davon, ihn auf Schritt und Tritt zu kontrollieren. Was sie letztens getan hat, ist unglaublich, sie ist schwanger geworden, obwohl er ihr gesagt hat, er will die Scheidung, aber eben deswegen ist sie schwanger geworden, als Rache, was für eine Frau ist das, wenn sie sich mit einem ungeborenen Kind an dem Mann rächen will und ihn so zwingen will, bei ihr zu bleiben. Ronny ist verzweifelt, kommt nach Hause nur noch zum Schlafen.

Und weiter:

Ronny hat sie gefragt, ob sie mit ihm nur so sein will, als Gesellschaft, nichts Weiteres, ohne Sex, er ist wie ein Bettler, er ist kein Mensch mehr. Kein Freund versteht ihn, jeder sagt, er hat seine Frau vernachlässigt. Vernachlässigt? Die Frau, die ein Au-pair-Mädchen und zwei Putzfrauen, einen privaten Tennislehrer und Fitnesstrainer hat und ihr täglich zwei Autos zur Verfügung stehen? Er besitzt ein Elektroprojektbüro, fünfzehn Angestellte, arbeitet dreizehn Stunden am Tag und die Arbeit ist die einzige Rettung für ihn. Er hat für seine Frau, zur Hochzeit, ein Haus im neuzehnten Bezirk gekauft, er alleine, aber er will das Haus nach der Scheidung nicht behalten, er überlässt ihr alles, sie ist nur dann glücklich, wenn sie alles besitzt, auch ihn, aber er kann all das nicht mehr aushalten. Er hat sich schon einige Wohnungen angeschaut, will eine kleine Wohnung kaufen, ob sie ihm dabei helfen könnte, das sollte rein geschäftlich sein, er würde ihr für ihre Zeit und Mühe zahlen.

Und ihre Antwort:

Natürlich, dass sie ihm helfen wird, es wäre unmenschlich, einem Mitmenschen in einer solchen Situation nicht zu helfen ...

Und als Ursula ihre Geschichte zu Ende erzählt hat, waren der Chef und Schmied schon da. Ich habe mich an die Arbeit gemacht und meine Gedanken über das Vorstellungsgespräch in Warteschlage gegeben.

Ist ein Versuch doch versuchenswert?

Marina hat gesagt:
- Due gute Seite ist, dass Müller dir eine Chance gibt. Er will dich, obwohl du in diesem Gebiet keine Erfahrungen hast.

Ich habe gesagt:
- Aber nur zwanzig Stunden, ein Halbzeitjob... Wir können uns das nicht leisten.

- Wir können uns das leisten. Wenn du willst. Die Frage ist, ob du in diesem Job glücklicher werden wirst.

- Wie kann ich wissen, ob ich in diesem Job glücklicher wäre?... Soll ich jetzt überhaupt, mit zweiunddreißig, mein Fach wechseln? Lohnt es sich?

- Ja, falls du es willst.

- Aber ich weiß nicht, ob ich es will.

- Dann probiere es.

- Du hörst mir nicht zu. Ich bin mir bei all dem nicht sicher.

- Dann tu es nicht.

- Und ich werde es nicht tun.

- Ja, geh in deine Kanzlei. Dort magst du es, oder?

- Du kannst wirklich eine Sache auf den Punkt bringen.

- Nein, das machst du allein.

- Ja, du bist mir aber nicht von großer Hilfe.

- Okay., - hat Marina versöhnend gesagt. - Wenn dir das Angebot nicht passt, such dir ein anderes.

- Ich habe ein Gefühl, dass es zu spät ist.

- Zu spät?

- Ja, zu spät, etwas zu ändern.

- Wieso? Willst du morgen sterben?

Ich habe kühl geantwortet:

- Nein. Aber auch die Altersgrenze spielt eine Rolle bei der Jobsuche.

- Ja, aber auch der Glaube an sich selbst spielt eine Rolle.

- Du verstehst es wirklich nicht.

- Nein, du verstehst es nicht. Du willst etwas, aber du bist nicht willig, etwas dafür zu leisten.

- Ich will etwas dafür leisten, aber ich weiß nicht wofür.

- Dann hast du ein Problem.

- Ja, ich habe ein Problem. Und ich werde es allein lösen.

- Gut!

- Gut!

- Fein!

- Auch fein!

- ENDE DES ERSTEN TEILS -

VOCABULARY

Abbreviations:
acc. – accusative
coll. – colloquial language
dat. – dative
f – female
inf. – infinitive
m – male
n – neuter
N – nominative
pl. – plural
sg. – singular

A
abgeben, ich gebe ab – to hand over
ablaufen, ich laufe ab – to expire
ablegen, ich lege ab – to pass; eine Prüfung ablegen – to pass an examination
ablesen, ich lese ab – to read off
Absicht, die – intention
abstoßend – repulsive
abstrakt – abstract
Abstrakte, die – the abstract
Achtung, die – respect
Ader, die – vein
ähnlich – similar
Akte, die (pl. Akten) – file
Aktentasche, die – briefcase
allmächtig – almightly
allmählich – gradually
Alltag, der – the everyday

alltäglich – everyday
Alter, das – age
Altersgrenze, die – age limit
angeben, ich gebe an – to specify, to state; show off
Angebot, das – offer
angefreundet – befriended
angepasst – adapted
Angerufene, der – the called one, the one who receives the call
angestellt – employed
Angestellte, der – the employee
Angriff, der – attack
Angst, die – fear
ängstlich – fearful
anhalten, ich halte an – to stop
Anlass, der (pl. Anlässe) – occasion
anrufen, ich rufe an – to call
Ansammlung, die – accumulation, collection
anschauen, ich schaue an – to look at
Anspruch, der – claim; etwas in Anspruch nehmen – to claim something; to make use of something
anständig – decent
anstarren, ich starre an – to stare at
anstellen, ich stelle jemanden an – to hire someone
Anstellung, die – employment
Anstrengung, die – effort
antreten, ich trete an → Ich bereite die Prüfung gerade vor und beabsichtige sie in baldiger Zeit anzutreten. – I am currently preparing for the exam and intend to take it in the near future.
Antwort, die – answer, response
Anwaltschaft, die – advocacy
Anwärter, der – aspirant

anwenden, ich wende an – to apply
Art und Weise – manner
Art, die – manner, way
Atem, der – breath
Atmosphäre, die – atmosphere
Au-pair-Mädchen, das – au pair girl
Aufenthaltsraum, der – recreation room
Aufführung, die – performance
aufgezählt – enumerated
aufmerksam – careful, thoughtful
Aufmerksamkeit schenken – paying attention
aufpassen, ich passe auf etwas auf – to pay attention to something
aufräumen, ich räume auf – to tidy up
aufsammeln, ich sammle auf – to pick up
Auftrag, der (pl. Aufträge) – order
Auftritt, der – appearance
Auge, das – eye; mit einem blauen Auge davonkommen – to get off cheaply, to get off lightly
ausatmen, ich atme aus – to exhale
ausbreiten, ich breite aus – to spread
Ausdauer, die – perseverance; Ausdauer haben – to have perseverance
ausdruckslos – expressionless
aushalten, ich halte aus – to endure
Aushilfe, die – temporary help
Ausrede, die – excuse
aussprechen, ich spreche aus – to pronounce
Autofahrer, der – driver

B
Bad, das – bath
baden – to bath

baldig – soon
ballen – to clench; Fäuste ballen – to clench fists
Basena-Wohnung, die – *basena* apartment (public sink in tenement houses)
basteln – to tinker
Bauch, der – belly
Baustoffreste, die (pl.) – building material remnants
beabsichtigen – to intend
bedecken – to cover
begehrt – coveted
begründen – to justify, to explain
behalten – to keep
behandeln – to treat
behaupten – to assert, to claim, to maintain
beherrschen – to control
Beherrschung, die – control
beibringen, ich bringe etwas jemandem bei – to teach something to someone
Bein, das – leg
beiseitelegen, ich lege beiseite – to set aside
Beistand, der – help, support
Beitrag, der – contribution
belegen – to take; to prove; einen Kurs belegen – to take a course
belügen – to lie
bemerken – to notice
Bemerkung, die – comment, remark
beobachten – to observe, to notice
bereuen – to be sorry, to regret, to repent
Berge versetzen können – to be able to move mountains
berufliche Erfahrung, die – professional experience
berufstätig – employed, having job

Beschäftigungsbewilligung, die – employment permit
Bescheid sagen, ich sage Bescheid – to let know
beschimpfen – to call so. names
beschriftet – lettered
Beschwerde, die – complaint
Beschwerdefrist, die – deadline for appeal
besessen – obsessed
besiegen – to defeat
besitzen – to possess
besorgt – concerned
Besserwisser, der – the know-it-all
Bestätigung, die – confirmation
bestimmen – to determine
Bestimmung, die – determination
Betrachtung, die – consideration
betragen – to amount
betreiben – to operate; Tischtennis betreiben – to do table tennis
Betrug, der – cheat
betrunken – drunk
Bettler, der – beggar
Bevollmächtigte, der – duly authorized person
Beweggrund, der – reason, motivation
bewerten – to evaluate
Bewilligung, die – permit, permission
bezahlt – paid
Bezirk, der – district
Bezirksgericht, das – district court
Bezug – reference; in Bezug auf – in relation to
bitten, ich bitte – to request, to ask
blättern – to thumb through, to browse
Blick, der – look

blöd – stupid; sich blöd aufführen, ich führe mich
blöd auf – to act stupid
Blöde, das – stupid
Blödheit, die – stupidity
Blödsinn, der – stupidity
Blumentopf, der – flowerpot
Blut, das – blood
Blutdruck, der – blood pressure
Böse, das – evil
Böswilligkeit, die – malice
Branche, die – branch
Brise, die – breeze
Brust, die – chest
bunt – colorful

C
Chaos, das – chaos
Container, der – container

D
damals – then
Dasein, das – existence
dasselbe – the same
Deckel, der – lid
den = ihn – him
denken – to think
dennoch – yet
Detail, das – detail
deuten – to interpret
Ding, das – thing; Das arme Ding! – The poor thing!
draußen – outside
Duft, der – scent
duften – to scent

Dummheit, die – stupidity
durchschaubar – transparent
durchschauen, ich durchschaue (*abstrakt*) / ich schaue durch (*konkret*) – to see through
durchschnittlich – average
dürfen, ich darf – may
Duschkabine, die – shower cubicle

E
eben – just
ebenfalls – also
Echt? (*coll.*) – Really?
Ehe, die – marriage
Ehrensache, die – matter of honour
Ehrgeiz, der – ambition
ehrlich – honest
eifersüchtig – jealous
Eigenschaft, die – characteristic
einatmen, ich atme ein – to breathe
einbauen, ich baue ein – to build in
Eindruck, der – impression
einem (*dat.*) → N: man – one (*impersonal subject*)
einen (*acc.*) → N: man – one (*impersonal subject*)
einfallsreich – imaginative
Eingangstür, die – entrance door
eingehen → eine persönliche Beziehung eingehen – to enter into a personal relationship
einjagen → jmdm. Angst einjagen – to frighten sbd.
Einklang, der – harmony
einordnen, ich ordne ein – to classify
einschalten, ich schalte ein – to switch on
einschätzen, ich schätze ein – to estimate
Einschätzung, die – estimation

Einstellung, die – attutide
einziehen, ich ziehe ein – to move in
Eletroprojektbüro, das – office for electric projects
empfinden – to feel
empfindlich – sensitive
enge Freunde – close friends
entflohen → inf. entfliehen – escape
entgegenkommend – accommodating
enthalten – contain
Entscheidende, das – decisive
Enttäuschung, die – disappointment
entweder – oder = either – or
Ereignis, das – event
Erfahrung, die – experience
erfinden – to invent; jeder erfindet für sich seine Art zu überleben – everyone invents for himselft his own way of survival
Erfindung, die – invention
ergänzen – to complement
erhöhen – to increase
Erhöhung, die – increase, to rise
erklären – to explain
erlauben – to allow, to permit
erledigt – done
erreichen – to reach
Erscheinung, die – appearance
erschrecken – to frighten
Erspartes – savings
erzeugen – to create, to produce, to induce
erwerben → Sprachschatz erwerben – to learn vocabulary
Essensreste, die – food remnant
etwas Besonders – something special

explodieren – to explode

F
Fach, das – discipline
fad gelächelt – bland smiled
Fahrer, der – driver
Fahrkarte, die – ticket
Fakt, der – fact
Fall, der – case
falsch deuten – to misinterpret
Faust, der (pl. Fäuste) – fist
Fehler, der – mistake
fehlerhaft – defective, faulty
Feind, der – enemy
feindselig – hostile
Fenster, das – window
fernschauen, ich schaue fern – to watch TV
fertigschreiben, ich schreibe etwas fertig – to finish the writing
fest – firm
feststellen, ich stelle fest – to find out
finanziell – financially
Firmenbesitzer, der – company owner
Fitnesstrainer, der – fitness trainer
Flasche, die – bottle
fließen – to flow
flirten – to flirt
flüchten – to flee
fortsetzen, ich setze fort – to continue
Freiheit, die – freedom
Freitag, der – Friday
Freizeit, die – free time, leisure
Fremde, der – stranger

Fremdsprachiger – foreign speaker
Freund, der – friend
freundlich – friendly
Früh – early; in der Früh – in the morning
früher – early
frustriert – frustrated
fühlen – to feel

G
galant – gallant
Gang → Das Klo ist draußen am Gang. – The toilet is outside in the corridor.
Gebäude, das – building
Gebiet, das – area
geboten – offered; inf. bieten – to offer
gebrannt – burned; inf. brennen – to burn
Geburtsstadt, die – birthplace
Geburtstag, der – birthday
Gedanke, der (pl. Gedanken) – thought
gedankenlos – thoughtless
Gedränge, das – crowd
Gedruckte, das → Die Dame hat die Fahrkarte mit einem Klebeband bedeckt, um das Gedruckte später wegzurubbeln. = The lady covered the ticket with a tape to rub away the stamp later.
Geduld, die – patience
Gefangenschaft, die – captivity
gefehlt – missed; inf. fehlen – to miss
gefüllt – filled
Gegensatz, der – contrary
Gegenteil, der – opposite; im Gegenteil – on the contrary
Gehalt, das – salary

Gehaltserhöhung, die – salary increase
geheim – secret
Gehirnzelle, die – brain cell
gehören – to belong to
gehört → alles was dazu gehört – all that belongs to
Geldstrafe, die – fine
Gelegenheit, die – opportunity; eine Gelegenheit verpassen – missing an opportunity
gelegentlich – occasionally
gelitten – suffered; leiden/litt/gelitten – suffered/suffered/suffered
gemein – mean
Gemeinde, die – community
Geräusch, das – noise
Gericht, das – court
gerissen → inf. reißen – to snatch; er hat das ganze Glück an sich gerissen – he snatched all the luck
gerochen – smelled
Gescheites – clever; etwas Gescheites machen – to do something clever
Geschichte, die – story; history
Geschicklichkeit, die – skill
Geschmack, der – taste
geschmeichelt – flattered: inf. schmeicheln – to flatter
geschmissen → inf. schmeißen – to throw
Geschriebene, das – written
geschwiegen → inf. schweigen – to silent
Gesellschaft, die – society
gesellschaftlicher Status – social status
Gesetz, das – law
gesetzlich – legal, legitimate
Gesicht, das – face

Gespräch, das – conversation; sich ins Gespräch einlassen – to engage in conversation
gesprächig – conversational
gestanden → inf. gestehen – to confess
Gestank, der – stink, stench
gestritten → streiten/stritt/gestritten – to quarrel
gesund – healthy
getrennt – separated
gewaschen – washed
Gewohnheit, die – habit
gezwungenermaßen – forced
gießen – to pour
giftig – poisonous
glänzen – to shine
Glaube, der – faith
Gleichgewicht, das – balance
gleichzeitig – at the same time
Glück, das – happiness
glücklich – happy
Glücklich-Sein, das – happiness
glücklichster – the happiest
Gott, der – God
Götter (pl.) – gods
grob – rude, rough
Großhändler, der – wholesaler
Grund, der – reason
grundlos – groundless
Gürtellinie, die – belt line; unter die Gürtellinie schlagen – cheap shot, low blow
gutmütig – good-natured

H
halbiert – in half

Halbzeitjob, der – half-time job
Hals, der – neck
halt → es interessiert mich halt – That´s what interests me.
halten – to hold
Handelsakademie, die – commercial academy
Handelsfirma, die – trading company
Handelsrecht, das – commercial law
Handlung, die – act, action, deed
hart – hard
hätten – would have
Haufen, der – pile
Hausbesitzer, der – house owner
Hausordnung, die – house rules
Haustor, das – front gate
Hektik, die – hectic rush, bustle
Herausforderung, die – challenge
herrschen – to reign
herumschreien, ich schreie herum – to shout around
heutig – today
Himmel, der – sky
hinaufgehen, ich gehe hinauf – to go up
hinaufgeschritten → inf. hinaufschreiten, ich schreite hinauf – to walk up, to go up
hineinwerfen, ich werfe hinein – to throw in
Hochdeutsch – standard German
Hochzeit, die – wedding
Hochzeitstag, der – wedding, marriage
höflich – polite
holen → einen Kaffee holen – to get a coffee
Holz, das – wood
Holzhütte, die – wooden hut, cabin
Hören → jemanden vom Hören kennen – to know

someone from hearing
Hund, der – dog
Hundefutter, das – dog food
Hürde, die – sticking point, obstacle

I
importieren – to import
imstande sein – to be able to
Individualität, die – individuality
inner – inner
innerhalb – within
insgesamt – altogether
inzwischen – meanwhile
irdische Welt – earthly world

J
jedermann – everyone
Jobsuche, die – job search
juristisch – legal

K
Kaffeehaus, das – coffee house
Kalender, der – calendar
Kampf, der (pl. Kämpfe) – fight
Kanzlei, die – law firm
Kapitalgesellschaft, die – corporation
Kartonschachtel, die – cardboard box
Kellergeschoss, das – basement
Kennenlernen, das – acquaintance
Kenntnisse, die – knowledge
Klage, die – action, lawsuit
Klappe, die → große Klappe haben (*coll.*) – to have a big mouth

Klebeband, das – tape
Kleinigkeit, die – bagatelle, dram, trifle; Ihr Schreiben war nur gelegentliche Betrachtungen und tägliche Kleinigkeiten. – Her writing was just occasional reflections and daily trivia.
Klient, der – client
Klo, das – toilet
klüger – wiser
Kollege, der – colleague
Komplott, das – conspiracy, complot
Konkrete, das – concrete
könnte – could; inf. können – can
Kontrolleur, der – controller
Konzept, das – concept
Kopf der Operation – head oft the operation
Kopf, der – head
korrekt – correct
Kosmetikbranche, die – cosmetic industry
kräftiger – stronger
kraftlos – powerless
krankhaft – pathological
Kroatisch – Croatian
Küchenaushilfe, die – kitchen help

L
lächelnd – to smile
langsam – slowly
laut – loud
läuten – to ring; an der Tür läuten – to ring at the door
lebhaft – lively
ledig – single
lehnen – to lean

Lehre, die – teaching
Leichtigkeit, die – lightness
leidenschaftlich – passionate
Leine, die – leash; einen Hund an der Leine führen – to lead a dog on a leash
leiser – quieter; sie werden immer leiser – they are getting quieter
Leistung, die – effort
letztens – last
liefern – to deliver
loben – to praise
Lösung, die – solution
loswerden, ich werde etwas los – to get rid of sth.
Luft, die – air
Luftströmung, die – air flow

M
mächtig – powerful; ich bin beider Sprachen mächtig. – I speak both languages. I am fluent in both languages.
mag – to love; may; was auch immer das sein mag – whatever that may be
Mahlzeit, die – meal
manchmal – sometimes
Mandant, der – client
Männchen, das – little man
Manöver, das – maneuver
Maß, das – measure; etwas nach Maß anfertigen lassen – something custom make
meistens – usually
mild – mild
misstrauisch – suspicious
Mitarbeiter, der – colleague, co-worker

Mitmensch, der – fellow human being
Mittagszeit, die – lunch time
mitteilen, ich teile mit – to share
mittelgroß – medium
mitten – middle
Möbel, das – furniture
mögen, ich mag = lieben, ich liebe – to like, to love
möglicherweise – possibly
Möglichkeit, die – possibility
Mord, der – murder
Motivation, die – motivation
Mühe, die – effort
Müll, der – garbage
Müllraum, der – garbage room
Muskel, der – muscle
Muttersprache, die – native language

N
Nachbar, der – neighbour
Nachdenken, das – thinking
nachdenken, ich denke nach – to think
nachgrübeln, ich grübele nach – to brood over
Nachmittag, der – afternoon
nachmittags – afternoons
Nachricht, die – news
nachspionieren, ich spioniere nach – to spy
Nachtruhe, die – house peace
nachweisen, ich weise nach – to prove
Nase, die – nose
Naturprodukt, das – natural product
Nebel, der – fog
Nebensache, die – minor matter
neidisch – envious

Nerv, der – nerve; Nerven unter Kontrolle halten – to keep nerves under control
neugierig – curious
nicken – to nod
niederschreiben, ich schreibe nieder – to write down
nimmt – takes; kein Blatt vor den Mund nehmen – not to mince one´s words
normalerweise – normally
Nostrifikationspüfung, die – nostrification examination
nötig – necessary
Notizblock, der – notepad
Notwendigkeit, die – necessity

O
obwohl – although
offenbleiben, ich bleibe offen – to remain open
ordentlich – orderly
ordnen – to order
Ordnung, die – order
Ortschaft, die – small town, locality

P
Papiermüllcontainer, der – paper waste container
Parkwiese, die – park meadow
passieren – to happen
Personengesellschaft, die – private company, non-incorporated firm
Pflanze, die – plant
Plan, der (pl. Pläne) – plan
plötzlich – suddenly
Polizei, die – police
Post, die – post

Probe, die – sample; test; etwas auf die Probe stellen – to put somethnig to the test
probieren – to try
Prozessvorbereitung, die – process preparation
Prüfung, die – test, examen
Punkt, der point; etwas auf den Punkt bringen – to get to the point, to make a point
Pünktlichkeit, die – punctuality
Putzfrau, die – cleaning lady

Q
Quadratmeter, der – square meter

R
Rache, die – revenge
raten – to guess
Ratschlag, der (pl. Ratschläge) – advice
rätselhaft – puzzling
recht haben – to be right
rechtfertigen, ich rechtfertige – to justify
Rechtfertigung, die – justification
Rechtsanwaltkanzlei, die – law firm
Reden, das – talking
redselig – talkative
regelmäßig – regularly
Regelung, die – regulation
Reibung, die – friction
rennen – to run
reparieren – to repair
Rest, der – rest
Rettung, die – rescue
Richtige, die – the one (*female*)
rinnen – to flow, to run

riskant – risky
Rolle, die – role
Ruhe, die – calm
ruhig – calm; es kann ruhig zwei Quadratmeter sein – it can be calmly two square meters
ruhig – calm

S
Säufer, der – drunkard
Schachtel, die – box
Schamlosigkeit, die – shamelessness
scharf – sharp; spicy
schlagen – to beat
schlucken – to swallow
Schlussfolgerung, die – conclusion
schmecken – to taste
Schmerz, der – pain
Schminke, die – make-up
schnappen – to snatch
Schönes Wochenende noch! – Have a nice weekend!
Schönheit, die – beauty
Schreiben, das – writing
schreien – to shout
Schriftdeutsch, die – written German
Schritt – step; auf Schritt und Tritt – at every step
schuften (*coll.*) – to slave
schuld → er ist an allem schuld – he is to blame for everything
Schuld, die – blame
schuldig – guilty
Schulferien, die – school vacations, school holidays
schütteln – to shake; den Kopf schütteln – to shake the head

schwanger – pregnant
Schwarzfahren, das – driving without paying
Schwiegermutter, die – mother-in-law
schwindeln – to dizy; Es schwindelt mir im Kopf. – My head is spinning.
Seele, die – soul
selbständig – independent
Semesterferien, die – semester break
Servus! – Hello!
sich an die Arbeit machen – to get to work
sich ausdenken, ich denke (etwas) aus – to think up
sich auseinandersetzen, ich setze mich auseinander – to deal with
sich bahnen → sich den eigenen Weg bahnen – to pave one´s own way
sich beherrschen – to control oneself
sich beklagen – to complain
sich bemühen – to make an effort
sich beschweren – to complain
sich einlassen, ich lasse mich ein – to get involved
sich entscheiden, ich entscheide mich – to decide
sich etwas (nicht) gefallen lassen – to (not) put up with something
sich kontrollieren – to control oneself
sich leisten, ich leiste mir – to afford
sich lohnen – to be worthwile; Es lohnt sich nicht. – Not worth it.
sich mit jemandem oder etwas bekannt machen – to get acquainted with someone or something
sich rächen, ich räche mich – to take revenge
sich rechtfertigen, ich rechtfertige mich – to justify oneself
sich scheiden lassen, ich lasse mich scheiden – to get

divorced
sich täuschen – to be wrong, to err
sich überlegen, ich überlege es mir – to consider, to think over
sich umdrehen, ich drehe mich um – to turn around
sich unterkriegen lassen, ich lasse mich unterkriegen – to let oneself get down
sich verändern – to change
sich verhalten, ich verhalte mich – to behave
sich verlaufen, ich verlaufe mich – to get lost
sich vorstellen, ich stelle mich vor – to introduce oneself
sich Zeit nehmen – to take time
sichtbar – visible
siebter Himmel – seventh heaven
Sinn, der – sense; etwas im Sinn haben – to have something in mind
Sinn, der = Sinne, der – sense; in dem Sinne – in this spirit, to this effect, if so
Sklave, der – slave
sogenannter – so called
so gut wie nichts – as good as nothing
so gut wie nie – as good as never
so schnell wie möglich – as soon as possible
Sonderling, der – eccentric
sowohl – als auch = both – and
Soziologie, die – sociology
sparen – to save
Speichel, der – saliva
Spielzeug, das – toy
Spitze, die – top
sprachlich – linguistic
Sprachschatz, der – vocabulary

Spruch, der – saying
spüren – to feel
Stadt, die (pl. Städte) – city
Städtchen, das – town
ständig – constantly
stattdessen – instead
stattfinden, ich finde statt – to take place
stecken bleiben, ich bleibe stecken – to get stuck
Stelle, die – place; eine Stelle nachbesetzen – to fill a vacancy
stellen – to put
Sterbebett, das – deathbed
sterben – to die
Sterblicher – mortal
Steuerrecht, das – tax law
Stilisieren – to stylize
stillstehen, ich sehe still – to stand still
Stimme, die – voice
Stimmung, die – mood
stinken – to stink
Stoff, der – material
stolz (sein) – to be proud
stören – to disturb
Strafsache, die – criminal case
Streich, der – prank
streiten – to quarrel
stückweise – piecemeal
Studiumabschluss, der – study degree
Stufe, die – level
Sünder, der – sinner
sympathisch – sympathetic
Szenario, das – scenario
Szene, die – scene

T

täglich – daily
Takt, der – tact; Takt haben – to have tact
taktlos – tactless
taktvoll – tactful
Tanz, der – dance
Tasse, die – cup
Tat, die – deed
Tatbestand, der – facts
tatsächlich – actually, really
Taufschein, der – certificate of baptism
Teilen – to share
Tennislehrer, der – tennis instructor
Termin, der – appointment; einen Termin ausmachen, ich mache einen Termin aus – to make an appointment
Tier, das – animal
Tierschutz, der – animal welfare
Tinte, die – ink
Tischtennis spielen – to play table tennis
Topf, der – pot
töten – to kill
tratschen – to gossip
Treffen, das – encounter, gathering, meeting
Trennungsgrund, der – reason for separation
Treppe, die – staircase
Trinkerei, die – drinking
Tritt → auf Schritt und Tritt – at every turn
Tür, die – door

U

U-Bahn, die – subway

überhaupt – at all
überheblich – arrogantly
überhören, ich überhöre – to overhear
überlassen, ich überlasse – to leave
Überleben, das – survival
Überlistung, die – outsmarting
übernommen → die Initiative übernehmen – to take initiative
überprüfen – to check
übertönen, ich übertöne jemanden – to drown so. out
überzeugt – convinced
übrigbleiben, ich bleibe übrig – to remain
Umgebung, die – environment, surroundings
umgekehrt – vice versa
umklammere – embrace
Umstand, der (pl. Umstände) – circumstance
umtauschen, ich tausche um – to exchange
unabhängig – independently
Unannehmlichkeit, die – inconvenience
unbeteiligt – uninvolved
undenkbar – unthinkable
unfähig – incapable
unfreundlich – unfriendly
ungeboren – unborn
ungeduldig – impatient
unglücklich – unhappy
unmenschlich – inhuman
unmöglich – impossible
unnötig – unnecessary
Unschuld, die – innocence
unsichtbar – invisible
unterbrechen, ich unterbreche – to interrupt

Unterbrechung, die – interruption
unterwegs – on the way
unverständlich – incomprehensible
Unzufriedenheit, die – upset, discontent
Urlaub, der – holiday, vacation

V

verbergen – to hide
verbinden – to connect
Verbindung, die – connection; etwas in Verbindung bringen – to connect; Verbindung unterbrechen – to disconnect
verbittert – bitter
verboten – illegal
verdienen – to earn
Vereinigung, die – association
verfeinern – to refine
Verfügung → zur Verfügung stehen – to be at the disposal of
verführerisch – seductive
Vergnügen, das – pleasure
Verhalten, das – behavior; seinem Verhalten nach – according to his behavior
Verkäufer, der – seller, salesman
Verkehr, der – traffic
Verkehrsvorschriften, die – traffic rules
verletzen – to injure
verliebt – in love with
verlieren – to lose
vermeiden – to avoid
Vermieter, der – landlord
vernachlässigen, ich vernachlässige – to neglect
Verpackung, die – packing

verpassen – to miss; eine Gelegenheit verpassen – to miss an opportunity
verschieden – various
verschimmelt – moldy
verschweigen – to keep sth. back
versichern – to assure
versöhnend – reconciling
verspätet – belated
verständlich zu machen, ich mache etwas verständlich – to make sth. understandable
versteckt – hidden
Versuch, der – try
versuchen – to try
versuchenswert – worth trying
Versuchung, die – temptation
Vertragsrecht, das – contract law
vertraut → damit vertraut – to be familiar with
Vertreten, das – representing
Verwandte – relatives
verzweifelt – desperately
Visitenkarte, die – business card
Volksmusik, die – folk music
Vorbeikommender – passenger
vorbereiten, ich bereite vor – to prepare
Vorbestimmte, die – the predestined
vorgehen, ich gehe vor – to go ahead
Vorliebe, die – preference
vornehmen, ich nehme vor – to do
Vorstellung, die – idea
Vorteil, der – advantage
vortragen, ich trage vor – to present
vorwärts gehen – to go forward

W

wahrscheinlich – probably
Wand, die (pl. Wände) – wall
wären – would; Sie wären in diesem Fall Anfänger – you would be beginnger in this case
Warteschlange, die – queue; etwas in Wartschlange geben = etwas warten lassen – to put something on hold, to make something wait
was = etwas – something
Wäsche, die – laundry
waschen – to wash
Waschmaschine, die – washing machine
Wassermelone, die – watermelone
wechseln, ich wechsle – to change
Weg, der – way
weggehen, ich gehe weg – to go away
wegrubbeln, ich rubble weg – to rub away
wegtun, ich tue weg – to do away
wehen – to blow
wehren – to resist
Weihnachten, die – Christmas
Weile → nach einer Weile – after a while
Weise → auf irgendeine Weise – in some way
weiterarbeiten, ich arbeite weiter – to continue to work
weiterführen, ich führe weiter – to continue to lead
Welt, die – world
Werk, das – work
Wesen, das – being
widerstehen, ich widerstehe – to resist
wiederherstellen, ich stelle wieder her – to restore
wiederholen, ich wiederhole – to repeat
Wienerisch – Viennese (dialect)

wild – wild
willig – willingly
Wissen, das – knowledge
wissenschaftlich – scientific
wochenlang – for weeks
Wohnungssuchender – apartment seeker
Wolke, die – cloud
Wort, das (pl. Wörter; pl. Worte) – word; ein gutes Wort bei jemandem einlegen – to put in a good word with so.
wörtlich – literally
Wundern – to wonder
würde – would
wüsste → Wenn ich das doch wüsste! – If only I knew!
wütend – angry

Z
Zähne (pl.) → sg: Zahn, der – tooth
Zahnschmerzen (pl.) – toothache
Zeigfinger, der – pointing finger
Zeitpunkt, der – moment, point
Zeitverschwendung, die – waste of time
Zeug, das – stuff
ziemlich – quite
Zivilklage, die – civil action
zudrücken, ich drücke zu – to squeeze
zufrieden – satisfied
zugeben, ich gebe zu – to admit
zugleich – at the same time
zuhören, ich höre zu – to listen
Zukunftschance, die – future chance
zurechtkommen, ich komme zurecht – to get along

zurück – back
zusammengebissen → inf. zusammenbeißen = die Zähne zusammenbeißen (*phrase*) – to grit one´s teeth, to clench one´s teeth
zusätzlich – additional
zusperren, ich sperre zu – to lock
zuverlässig – reliable
Zweijähriger – two-year-old boy
zwingen – to force
zwinkern – to wink; mit Augen zwinkern – to wink with eyes
zynisch – cynical

German Reader

Status January 2022

READER

Level 1 Beginners – A1

- Klara Wimmer: Jens und der Nachbar / Jens and the Neighbour – Short Story

- Klara Wimmer: Mein wunderbares Lokal / My Wonderful Restaurant – Short Story

- Klara Wimmer: Eine Begegnung im Zug / An Encounter on the Train – Short Story

Level 2 Elementary – A2

- Klara Wimmer: Annas Tagebuch / Anna´s Diary – Short Story

Level 4 Intermediate – B2

- Klara Wimmer: Mein Leben in Wien – 1. Teil / My Life in Vienna – Part 1 – Short Story

TEXTBOOK

Level 1 Beginners – A1

- Klara Wimmer: German Simple Sentences 1 – Deutsch: Einfache Sätze 1 – Textbook

AUDIOBOOKS

Level 1 Beginners – A1

- Klara Wimmer: Mein wunderbares Lokal / My Wonderful Restaurant – Short Story

- Klara Wimmer: German Simple Sentences 1 – Deutsch: Einfache Sätze 1

INTERACTIVE E-BOOKS WITH AUDIOBOOK

Level 1 Beginners – A1

- Klara Wimmer: Mein wunderbares Lokal / My Wonderful Restaurant – Short Story

- Klara Wimmer: German Simple Sentences 1 – Deutsch: Einfache Sätze 1

VISIT US ON:

www.german-reader.com

Printed in Great Britain
by Amazon